AF226571

LA
CRISE POLITIQUE.

IMPRIMERIE DE CLAYE, TAILLEFER ET C°,

RUE SAINT-BENOÎT, 7.

LA
CRISE POLITIQUE

PAR

M. GUSTAVE CHAUDEY

PARIS : AMYOT, RUE DE LA PAIX

Septembre 1847

LA
CRISE POLITIQUE.

I.

OBJET DE CET ÉCRIT.

L'intention principale de cet écrit, comme l'indique assez son titre, est de protester contre l'opinion de ceux qui prétendent que la crise politique est arrivée à son terme avec la session, et que tout a été fini par le remaniement ministériel et par les votes de la Chambre des députés sur les questions fâcheuses qu'elle a eu à débattre en dernier lieu. Il serait peu logique, en effet, de regarder comme écartées, avec les questions que je rappelle, les difficultés qui s'étaient produites antérieurement; et il serait bien léger, d'autre part, de ne rapporter qu'à une cause d'intrigues ces complications antérieures qui ont failli faire perdre si vite au cabinet le bénéfice d'une aussi imposante majorité. Mais si ces complications avaient une autre cause que l'intrigue, si elles tenaient au fond des choses, si elles résultaient d'une situation mal comprise par le cabinet, il serait plus léger encore d'admettre que le remplacement de trois ministres secondaires par des hommes sans signification politique, pût y avoir remédié d'une manière bien efficace. Je crois donc qu'il y a là-dessus beaucoup plus à dire qu'on ne pense; je crois aussi qu'il n'est pas sans importance que ce qui est à dire, soit dit dans l'intervalle des sessions, pour que cela puisse être examiné avec calme. C'est à cet examen, qui me paraît désirable, que je viens essayer de fournir quelques réflexions.

Ceux des lecteurs de ma brochure intitulée *Un Conservateur*, qui viendraient à prendre connaissance de celle-ci, sans savoir à quelle polémique la première a donné lieu, il y a quelque temps, dans *le Constitutionnel*, devraient mal se rendre compte de la diversité d'esprit qui existe entre ces deux écrits, si je ne rappelais ici l'explication que j'ai eu l'occasion d'en donner publiquement. Bien des choses se sont passées depuis la publication d'*Un Conservateur*, qui ont dû singulièrement modifier la situation des partis, et, conséquemment, les conditions d'adhésion à l'un ou à l'autre de ces partis. Il y a eu d'abord les élections générales, et, à l'occasion de ces élections, le discours de M. Guizot à Lisieux, qui m'avait semblé une promesse d'initiative libérale de la part du gouvernement ; puis, il y a eu les grands débats politiques d'un commencement de législature ; il y a eu la proposition de M. Duvergier de Hauranne sur la réforme électorale ; il y a eu la proposition de M. de Rémusat sur la réforme parlementaire ; il y a eu les discours de M. Guizot sur ces deux propositions: surtout son discours du 26 mars sur la réforme électorale, qui m'a paru être un désaveu du discours de Lisieux. Mis en demeure de m'expliquer sur ce discours du 26 mars par *le Constitutionnel,* qui a daigné rappeler ma brochure de l'année dernière, et me demander si je persistais dans les sentiments de confiance en M. Guizot que j'y avais exprimés, j'ai dû répondre que non, et c'est ainsi que j'appartiens maintenant à l'opposition. Je n'ai rien de mieux à faire, pour ceux qui voudraient juger de mes motifs, que de reproduire plus loin, en note, ma réponse au *Constitutionnel.*

Je ne viens donc que continuer, par cet écrit, la dissidence que m'ont imposée les événements, et l'impossibilité d'attendre désormais la satisfaction de mes opinions des hommes auxquels j'aurais aimé à la devoir. C'est la pratique d'une des règles les plus simples de la politique parlementaire ; et, à cette occasion, je ne serai pas fâché de rappeler ici quelques considérations générales, qui doivent toujours dominer l'appréciation des mutations de parti, et que de récentes erreurs sur ce sujet rendent plus opportunes que jamais :

« Il ne dépend pas d'un ministre, disait-on dernièrement, d'expulser les gens, malgré eux, de la majorité. Nous entendons pouvoir voter contre le cabinet, et, cependant, rester de la majorité. »

Ce système, qui consisterait à se qualifier par ses déclarations plutôt que par ses votes, serait assurément très-commode. S'il suffisait, pour être de la majorité, de déclarer qu'on en est, tout en votant avec l'opposition ; comme, d'autre part, il suffirait probablement à l'opposition qu'on votât pour elle, tout en déclarant qu'on est avec la majorité ; il résulterait de cette tactique parlementaire un moyen de contenter tout le monde sans se compromettre soi-même, qui ne manquerait pas d'avoir bien du charme pour un grand nombre de députés. Mais les choses, malheureusement, ne peuvent pas toujours s'arranger de la façon qui serait la plus agréable. Le ministre, que le scrutin seul approuve ou condamne, maintient ou renverse, ne peut estimer qu'on est avec lui ou contre lui, que selon qu'on vote avec lui ou contre lui ; et, il faut bien le reconnaître, en cela, c'est le ministre qui a raison.

Or, comme dans le système représentatif, la possession du pouvoir implique toujours la majorité, l'habitude s'est établie d'appeler majorité le parti de ceux qui soutiennent le gouvernement actuel, les ministres en titre ; et opposition, le parti de ceux qui combattent le gouvernement actuel, les ministres en titre.

Il en résulte que les mots de majorité et d'oppo-

sition doivent n'avoir par eux-mêmes aucune signification politique, et ne se caractériser que par la
considération des hommes et des idées qui sont au
pouvoir.

Ainsi le sens favorable ou défavorable, sympa-
thique ou antipathique, qu'on voudrait donner à ces
mots d'une façon générale, indépendamment de la
considération des hommes et des idées qui sont au
pouvoir, serait contraire à la notion essentielle du
gouvernement représentatif.

C'est bien de la sorte qu'on le comprend en Angleterre, où, selon qu'ils prêtent ou retirent leur ap-
pui au ministère, les hommes d'État les plus con-
sidérables passent de la majorité à l'opposition, ou
de l'opposition à la majorité, sans éprouver jamais
la moindre répugnance à déclarer hautement qu'ils
sont de la majorité ou qu'ils sont de l'opposition.

En France, c'est fâcheux à dire, nous sommes
encore loin d'en être à cette loyauté de pratique et
de langage qui distingue les mœurs parlementaires
de nos voisins. Les mots de ministériel et d'oppo-
sant ont gardé des souvenirs de nos récentes luttes
quelque chose d'une signification propre, absolue,
qui s'associe encore plus ou moins aux idées de dé-
pendance ou d'indépendance, de tendance à l'ordre
ou à l'anarchie, et qui produit encore, chez nos
hommes politiques, une certaine répugnance à user
franchement de ces qualifications. Rien n'est plus fâcheux, je le répète, et cela introduirait à la longue,
dans notre langage politique, une hypocrisie et une

incorrection qui des mots passeraient aux choses,
et ne tarderaient pas à produire de funestes conséquences. Il est certain que ce raffinement excessif
du langage, appliqué aux situations politiques, fini-
rait par fausser l'esprit de nos institutions. On ne saurait donc trop s'élever dès maintenant contre les sub-
tilités du genre de celle dont il est question.

M. Guizot, grand publiciste, grand tacticien d'as-
semblée, a donc bien fait récemment, le fond du
débat restant ici à part, de ne plus compter parmi la
majorité ceux de ses anciens adhérents qui annon-
çaient, sur une question capitale, l'intention de voter contrairement au désir du cabinet ; comme il fera
bien, une fois qu'il n'aura plus la majorité, de qualifier hautement sa position nouvelle du nom d'opposition.

En résumé, il faut que nos hommes politiques en
viennent le plus tôt possible à se familiariser avec les
vérités suivantes :

Dans le système représentatif, la désignation de
majorité ne peut s'appliquer qu'au parti qui soutient
le gouvernement, ou, avec plus de précision encore,
le ministère.

Dès que ce parti cesse de prévaloir dans le parlement, les ministres qu'il soutenait sont obligés de
faire place à d'autres, et ce parti, s'il ne se décom-
pose pas, s'il ne se dissout pas, devient naturellement l'opposition.

De même, dès qu'un homme cesse de soutenir le
ministère, il le combat, et, sous la réserve de ses opi-

nions propres, il devient membre de l'opposition.

Le déplacement de la majorité, qui est un des résultats fréquents et le principal ressort du gouvernement parlementaire, ne se peut faire que par ce déplacement des opinions individuelles, qui, de la sorte, loin d'être un fait irrégulier, un fait en lui-même reprochable, est un fait parfaitement régulier, parfaitement simple, et tient à l'essence même du système représentatif.

Ces désignations de majorité et d'opposition ne sauraient donc, par elles-mêmes, inspirer raisonnablement aucune sympathie, aucune aversion. Toute la question, quand un homme veut passer de la majorité à l'opposition ou de l'opposition à la majorité, doit être de savoir s'il a pour cela de bonnes ou mauvaises raisons, des motifs bien fondés ou mal fondés.

Que si, indépendamment de la considération de leurs forces parlementaires, les partis cherchent à se qualifier respectivement par leurs opinions propres, par leurs tendances propres, par les idées qu'ils représentent plus spécialement, il n'y a plus à faire en cela usage des mots de majorité et d'opposition. Il faut d'autres désignations, qui tiennent à des circonstances moins variables, comme, par exemple, celles de *tories* ou de *whigs*, en Angleterre, et, en France, celle de *conservateurs*, qui, pour le dire en passant, devrait avoir son corrélatif et ne l'a pas encore. C'est un grand tort qu'ont eu les adversaires des conservateurs de ne pas se nommer, de ne pas se qualifier, de ne pas élever, contre la dénomination assez heureuse de leurs antagonistes, une dénomination qui les recommandât mieux que ce mot vague d'opposition. Il est à prévoir, toutefois, que la force des choses ne tardera pas à combler cette lacune, et, pour en faire le corrélatif de *conservateurs*, à donner une signification beaucoup plus étendue à la dénomination de *progressistes*.

Il va sans dire, du reste, qu'en essayant ainsi de renfermer le mot d'opposition dans son sens le plus correct, je n'entends parler que de l'opposition constitutionnelle, et que cet écrit ne s'adresse en aucune manière à ceux qui ont l'habitude de chercher leurs solutions politiques en dehors de la constitution. Je ne méconnais pas assurément tout ce que le mouvement des idées et les erreurs possibles des gouvernements laissent toujours de chances aux minorités. Mais c'est une chose qui de longtemps encore, même en devenant possible, serait loin de me sembler désirable, qu'une révolution nouvelle en France. Faite dans le sens de ce qu'on appelle la légitimité, elle serait un démenti aux révolutions de 1789 et de 1830, et c'est assez pour la rendre à jamais inacceptable aux partisans décidés de la démocratie moderne. Faite dans le sens de la république, après ce long régime de discussion qui aurait fourni tant d'aliments nouveaux aux passions populaires, comment ne pas voir qu'en moins de quelques semaines elle aurait transformé la démocratie en une démagogie plus furieuse que celle de nos plus grands troubles, rendu toute limitation de la liberté impossible, poussé la presse aux derniers excès, renouvelé l'agitation politique des clubs, et jeté sur la place publique les plus hautes questions d'économie sociale? Il y aurait une fin à cet affreux désordre, je l'admets. Il y aurait même une réaction, soit. Mais quand et comment, et au profit de qui? Après les expériences que nous avons faites, c'est plus d'incertitudes qu'il n'en faut pour détourner les amis les plus ardents de la vraie démocratie de tout ce qui pourrait conduire la France à de nouveaux bouleversements. Il y a donc un point de ralliement inébranlable pour tous ceux auxquels la même prévoyance donne les mêmes appréhensions : c'est la constitution de Juillet; et il y a aussi un devoir qui leur est commun, et dont l'accomplissement n'est pas sans importance aujourd'hui, qui est de ne point craindre de mettre dans leur langage quelque chose de la fermeté de leur conviction. Ce serait, selon moi, un grand progrès dans la pratique des institutions représentatives, et la preuve d'un bien remarquable développement de l'esprit public, que l'application des écrivains à ne plus rapporter les questions politiques qu'aux moyens d'action fournis par la Charte, et à ne plus en désirer les solutions que des grands partis constitutionnels. Rien ne serait plus propre, en particulier, à augmenter la consistance de la véritable opposition , en ruinant les espérances des partis extrêmes, que cette habitude de renfermer le raisonnement même dans le cercle des institutions. J'ai dû naturellement, dans cet écrit, tâcher de me conformer à cette manière de voir. Il ne s'y trouvera donc rien qui ne laisse complétement hors de cause les légitimistes et les républicains.

II.

DIVERSITÉ PERSISTANTE DE TENDANCES PARMI LES CONSERVATEURS.
SITUATION FAUSSE DU MINISTÈRE.

En parlant de crise politique, je n'ai pas en vue seulement les difficultés de situation qui ont leur cause dans le ministère, mais j'ai en vue aussi, et surtout, le travail de transformation qui se fait dans les partis constitutionnels et le mouvement de l'opinion publique.

A ne considérer que le ministère, il ne sera pas malaisé de montrer ce qui rend sa situation fausse, et ne permet guère de prévoir qu'il puisse en sortir à son avantage.

D'où sont venus les embarras, les complications qui ont si vite enlevé au cabinet le bénéfice de la majorité considérable qu'il avait obtenue des dernières élections? Les souvenirs sont assez récents, les événements de la session assez clairs encore dans les esprits, pour qu'il n'y ait pas à craindre là-dessus de contestation.

Tous les embarras, toutes les complications qui ont assailli le cabinet, tenaient à la double tendance qui s'est manifestée dans le parti conservateur, dès le début de la session qui vient de finir, et sous l'influence encore toute puissante des élections générales.

La politique des seize dernières années, cette longue jouissance de l'ordre et de la paix, la pratique d'une liberté régulière, le développement des idées par les enseignements de la tribune et de la presse, l'avénement d'intérêts nouveaux et d'hommes nouveaux, enfin la durée qui efface et transforme toutes choses, avaient, quelque temps avant les élections générales, opéré dans l'opinion publique et dans la situation des partis, des changements dont il était facile de prévoir que le scrutin électoral se ressentirait.

Il s'est introduit en effet dans la Chambre nouvelle un groupe d'hommes nouveaux, d'hommes formés à la politique dans le pays même, en dehors des anciennes luttes des partis, en dehors surtout des classifications parlementaires. Par cela même que ce groupe apportait, si l'on peut ainsi dire, des idées extra-parlementaires, un ensemble d'opinions et de sentiments qui sortaient directement du pays, il ne pouvait manquer de prendre bientôt une grande importance dans la Chambre. Tandis que la portion ancienne du parlement représenterait les habitudes des partis, leur tradition des seize dernières années, cette portion jeune allait représenter ce besoin de quelque chose de nouveau, cet instinct, cette activité de l'opinion, qui est le ressort même du gouvernement re-présentatif, et la force par laquelle il renouvelle son mouvement. Il était impossible qu'en s'ajoutant, soit au parti conservateur, soit à l'opposition, cette portion nouvelle ne transformât pas les partis, et ne modifiât pas considérablement le principe de leur distinction. C'est le parti conservateur qu'elle est venue renforcer.

On a donc pu distinguer, dans la Chambre nouvelle, des conservateurs animés de deux esprits bien différents. Heureux ou malheureux, c'est un fait. Ici, je ne veux que le constater. La suite de cet écrit fera voir s'il faut le regretter ou s'en applaudir.

Le premier groupe des conservateurs, qui restait le plus nombreux, on doit l'avouer, se composait de ces hommes qui ne conçoivent pas autre chose que la routine du gouvernement, qui n'imaginent en politique rien d'un peu actif, d'un peu énergique, sans y rattacher l'idée d'opposition ; de ces hommes qui ne voient, dans le gouvernement, que des positions à garder, une domination à maintenir, et qui ont été appelés si justement, non le parti des conservateurs, mais le parti des stationnaires et des inertes. Pour ces hommes, changer, ce ne peut être qu'ébranler, et ils ne se cachent pas, pour peu qu'on les presse, de convenir qu'ils tremblent même de voir toucher à un abus, dans la crainte qu'ils ont de sacrifier, au prix même d'un abus, à l'esprit d'innovation. Ces hommes cependant, tant il est vrai qu'en politique il ne faut rien dédaigner, sont quelquefois utiles, très-

utiles, en prêtant leur force d'égoïsme à ceux qu'anime un véritable esprit de conservation. Ils le sont surtout après les temps révolutionnaires. Ils ont été en particulier très-utiles dans les années qui ont suivi la révolution de Juillet. Ce serait une grande erreur de le méconnaître. Mais qu'il faut plaindre les époques où les hommes d'État ont besoin d'eux ! Même lorsqu'ils ne sont plus utiles, ils laissent après eux, dans le gouvernement, quelque chose de la lie de leur égoïsme, et c'est une tache pour longtemps.

A côté de ce groupe des stationnaires, dans le parti conservateur, il y avait un groupe déjà considérable, et destiné à s'accroître chaque jour, de ces hommes pénétrés du véritable esprit de conservation, qui comprennent tout ce qu'impose de devoirs au gouvernement la nécessité de donner satisfaction aux besoins nouveaux que la succession des hommes et des choses développe sans cesse, tant dans l'ordre des intérêts que dans l'ordre des idées. C'est dans cette fraction que l'ardeur de presque tous les députés nouveaux venait s'unir à l'expérience des plus prévoyants d'entre les anciens. C'est là qu'étaient, si l'on peut ainsi dire, les dernières inspirations du pays, les inspirations les plus récentes. C'est évidemment là qu'était l'avenir, et que la plus simple prudence commandait d'aller raviver les forces du gouvernement.

Mais, dans cette portion même du parti conservateur, où se trouvait la même envie de marcher, d'entrer hardiment dans les idées de l'époque, il y avait quelque différence dans la manière de comprendre la pratique de cette intention.

Les uns, ne croyant pas encore venu le temps des réformes politiques, voulaient que le gouvernement prouvât surtout sa force et son habileté par les réformes administratives que l'opinion désirait, et particulièrement par quelques améliorations du système financier.

Les autres, pénétrés surtout de la convenance qu'il y avait, pour un gouvernement sorti d'une révolution, une fois l'ordre bien rétabli, à donner enfin des gages incontestables à l'esprit de cette révolution, et à rendre manifeste la sincérité de son adhésion aux institutions libérales, par son application à leur assurer un développement régulier, voulaient que, sans négliger les devoirs d'une bonne administration, le gouvernement prît lui-même l'initiative de certaines réformes politiques.

Sans décider maintenant entre ces conditions diverses que, dans un même esprit de progrès, les hommes de la seconde fraction du parti conservateur voulaient donner à la politique du gouvernement; sans examiner si ce qu'on appelle les réformes administratives, pour les distinguer des réformes politiques, sont bien propres à caractériser un parti, à servir de programme à un ministère, et si elles ne sont pas, au contraire, le programme obligé de chaque parti et de chaque ministère qui a des hommes assez habiles pour les entreprendre; sans rechercher s'il est possible de pourvoir au gouvernement de l'opinion, dans le sytème représentatif, autrement qu'avec de la politique proprement dite, qu'avec des questions ayant pour l'opinion une signification de tendance politique, on peut se demander quel compte le ministère a tenu de ces désirs d'une fraction considérable de sa majorité, et quelle doit être l'influence de sa conduite pendant la dernière session, autant sur la situation du parti conservateur que sur la sienne propre. La question ainsi posée sera résolue par le simple exposé des faits.

A ceux des conservateurs qui voulaient plus d'activité, plus d'initiative dans le gouvernement, sur les questions administratives, qui voulaient que le gouvernement, non-seulement préparât mieux les solutions des questions pendantes, mais entreprît même certaines réformes vivement désirées par le pays, le ministère a répondu, c'est maintenant de notoriété publique, par la session la plus stérile, administrativement parlant, qu'on puisse encore signaler dans notre histoire parlementaire. On se souvient, notamment, de ses déplorables tergiversations sur la question de l'Algérie et sur la question de l'emprunt. On se souvient de la nécessité qu'il s'est faite de combattre les réformes si populaires de la taxe postale et de l'impôt du sel, faute d'avoir pensé seulement à chercher des compensations aux pertes momentanées que ces réformes devaient entraîner pour le trésor.

A ceux des conservateurs qui voulaient des réformes politiques, qui comprenaient qu'il y avait deux manières de vouloir ces réformes, l'une à l'usage des conservateurs, et l'autre à l'usage de l'opposition, et qui pensaient, par exemple, que le gouvernement pouvait parfaitement entreprendre la réforme électorale et parlementaire, sans donner pour cela raison aux griefs de l'opposition, et comme une preuve seulement de son envie de développer dans notre constitution les principes de justice et de liberté, le cabinet a répondu par le discours de M. Guizot sur la proposition de M. Duvergier de Hauranne, et par la déclaration du même ministre sur la proposition de M. de Rémusat.

Ce ne sont plus seulement des objections de circonstances, des raisons d'inopportunité, que M. Guizot a fait valoir cette fois contre la réforme électorale. Ce sont des raisons de fond, des arguments de doctrine, des appréciations de la capacité politique contraires aux idées qu'il avait émises jusque-là dans tous ses écrits, enfin des défiances de toutes sortes envers ce qu'il a si dédaigneusement appelé les prétentions excessives de l'intelligence. Quant à la réforme parlementaire, désirée pour de si sérieux motifs, et dont l'urgence commence à être si bien sentie par l'opinion, on se souvient comment M. Guizot a déclaré que le ministère voudrait bien en tolérer encore la discussion pendant la législature actuelle, mais qu'au fond il la combattrait résolument. Mais on se souvient aussi du vote expressif par lequel beaucoup de conservateurs ont cru devoir protester aussitôt contre cette déclaration.

Voilà, tant sur les questions administratives que

sur les questions politiques, comment le ministère a pris en considération les désirs de ceux des conservateurs qui voulaient préserver leur parti des dangers de l'immobilité! Voilà comment il a su profiter de l'occasion admirable qui s'offrait enfin à lui, de choisir entre une politique libérale et progressive, dont l'effet devait être de maintenir l'unité de sa majorité, sans rien sacrifier de la tradition du gouvernement, et cette politique inerte et stationnaire, dont l'effet ne pouvait être au contraire que de donner à cette tradition le caractère d'une sorte de consigne, et de rendre inconciliables, au sein de la majorité, les tendances diverses qui ne semblaient s'y être rencontrées que pour faciliter au gouvernement le renouvellement de son système! Je demande s'il y a beaucoup de perspicacité à prétendre qu'en retardant pour le cabinet les suites de cette faute énorme, mais pour le laisser en face de cette diversité de tendances qu'il n'a plus le moyen de ramener à l'unité, les hésitations des conservateurs mécontents n'ont fait qu'augmenter la fausseté de sa situation.

Je sais bien que, postérieurement à ces débats qui ont produit de si sérieuses dissidences dans la majorité et si fortement ébranlé le ministère, il y a eu des votes plus rassurants, et même un remaniement ministériel qu'on a essayé de donner pour une consolidation. Mais si l'on veut réfléchir à la nature des questions sur lesquelles ont eu lieu les votes que je rappelle, et à toutes les considérations supérieures qui faisaient une loi aux conservateurs dissidents de ne point laisser tomber un ministère sur de pareilles questions, on se rendra facilement compte du peu de signification de ces votes en ce qui regarde les véritables embarras du cabinet. On comprendra facilement aussi, à considérer seulement les noms des trois ministres nouveaux, combien peu leur entrée dans le conseil a dû corriger, administrativement ou politiquement, la fausseté de situation du ministère. Si l'on reconnaît en effet que la vraie cause de cette fausseté de situation était dans cette diversité de tendances, qui n'avait fait que devenir plus prononcée parmi les conservateurs, force est bien d'admettre que, pour concilier les fractions divergentes de la majorité, il fallait autre chose que l'adjonction au ministère de trois hommes complétement dépourvus, quels que soient du reste leur mérite, de signification politique et d'influence parlementaire.

Ce qu'il fallait, encore une fois, le ministère s'était enlevé le moyen de le faire, et il ne pourra pas davantage le tenter dans l'avenir. C'est là, très-positivement, que restent pour lui les grandes difficultés, les grands embarras. C'est là ce qui ne saurait manquer de lui rendre la session prochaine plus redoutable que la session qui vient de finir.

Il est vrai que des esprits qui ne veulent absolument pas aller au fond des choses, s'amusent encore à imaginer des combinaisons de nouveau remaniement du ministère, par lesquelles ils croient possible d'arrêter la décomposition de la majorité. La question de la présidence du conseil, par exemple, serait,

dans ces calculs, d'une efficacité merveilleuse. Il y a
ce qu'on appelle la combinaison Duchâtel et la combinaison Guizot. La présidence du conseil donnée à
M. Duchâtel, avec le ministère des finances, ferait un
cabinet d'affaires qui remédierait à tout, qui sauve-
rait tout, et ferait taire même jusqu'aux murmures
de cette arrogante opinion qui se mêle aussi de vouloir qu'on pense à la satisfaire, comme si ce n'était
pas assez de la satisfaction des députés! Avec la présidence du conseil donnée à M. Guizot, on aurait,
au contraire, le cabinet de la grande éloquence, de
la grande politique, et des grandes impulsions pour
toutes les questions intérieures et extérieures! Il suffit
du reste à ceux qui méditent ces fortes combinaisons
de les livrer en gros aux réflexions des politiques. Ils
dédaignent d'entrer dans les détails. Ils négligent,
par exemple, de dire si, avec la présidence de M. Duchâtel, M. Guizot resterait dans le cabinet, ou ce que
deviendrait sans M. Guizot le cabinet de M. Duchâtel. Ils négligent de même d'expliquer ce que deviendrait M. Duchâtel dans le cas de la présidence de
M. Guizot. Ils négligent surtout de montrer quelle
vertu particulière aurait la présidence de M. Duchâtel
ou de M. Guizot, pour remédier à cette diversité de
tendances qui reste parmi les conservateurs. Force
est bien d'attendre, pour s'occuper de leurs plans,
qu'ils les aient rendus intelligibles.

Il est vrai encore, pour parler plus sérieusement,
que le cabinet, ne se faisant pas illusion sur les difficultés de sa position, en ce qui regarde la politique

intérieure, compte trouver dans les incidents de la politique étrangère, pendant l'intervalle des sessions, les ressources qui lui permettront d'échapper aux dangers qui le menacent. A considérer cependant la situation actuelle des affaires extérieures, on ne voit pas trop ce qui pourrait justifier cette espérance. Le résultat des élections anglaises, en face des difficultés croissantes de la question espagnole, n'est guère de nature à simplifier le rétablissement de l'alliance, si gravement compromise par les mariages de Madrid. Sur la question suisse, ce n'est pas la confusion que M. Guizot a faite dernièrement, dans sa réprobation pour les idées anarchiques du parti radical, entre la prétention de détruire la souveraineté des cantons et le droit incontestable de réviser le pacte pour organiser plus fortement l'autorité fédérale, qui peut excuser le cabinet du tort énorme d'avoir paru seulement s'associer à la politique de l'Autriche, pour le règlement des affaires d'un peuple libre. Il devient trop évident, du reste, que, si la considération de la souveraineté de la Suisse ne fait pas obstacle à l'intervention de la France et de l'Autriche, la considération de la souveraineté des cantons ne saurait empêcher la majorité fédérale de pourvoir à l'exécution des arrêtés de la Diète. Quant à l'Italie, que peut-il rester, après l'inconcevable impassibilité du cabinet en face de l'occupation de Ferrare, du mérite des encouragements de tribune que M. Guizot a donnés récemment au Saint-Père, et par lesquels d'ailleurs il n'a fait qu'entrer tardivement dans la voie que lui montrait si éloquemment M. Thiers il y a quelques mois? Le ministère ne devrait donc guère compter sur les questions extérieures pour rétablir sa situation; et, si l'opposition constitutionnelle veut être circonspecte, si la perspective d'une responsabilité la fait renoncer aux déclamations, et si, sans cesser d'être ferme, elle sait se préserver des idées aventureuses, tout fait croire que, même sur la politique étrangère, elle pourra lutter avec avantage contre le ministère à la session prochaine.

Ainsi, relativement à la politique étrangère comme à la politique intérieure, la situation du ministère reste fausse, sans que rien indique comment elle pourrait s'améliorer.

Mais laissons là le ministère, pour nous occuper, ce qui est autrement important, de la situation des partis eux-mêmes.

III.

DE LA TRANSFORMATION DES PARTIS CONSTITUTIONNELS.
QUELQUES CONSIDÉRATIONS SUR LES TIERS-PARTIS.

Il y aurait à faire, d'une façon générale, une recherche qui ne serait pas sans utilité, sur le caractère essentiel du principe de distinction entre les partis constitutionnels en France, sur la nécessité d'un renouvellement de ce principe de distinction à certaines époques, sur les questions que leur nature rend particulièrement propres à la lutte des partis, sur celles au contraire qui, malgré leur importance, ne se prêtent guère à cette lutte, et sur les indications qui se trouvent dans cet ordre d'idées pour les chefs politiques chargés de la direction des partis. Mais un pareil examen m'entraînerait au delà des bornes du sujet que je me propose ici, et, sans y renoncer, je suis forcé de le remettre à plus tard. Je m'en tiendrai cette fois à ce qui peut en cela fournir des applications à la situation actuelle.

Je ne ferai donc ici qu'indiquer sommairement quel

a été, depuis la fondation du gouvernement de Juillet, entre les partis constitutionnels; le principe de distinction, la matière des diversités d'opinion, le sujet de ce que j'appellerai le contentieux politique, quel il est devenu par les solutions données d'une manière quelconque aux questions disputées, et quel il est aujourd'hui, dans la situation que la politique de ces derniers temps a faite aux partis.

Si l'on renferme la question dans ces termes, je pense qu'il ne faut jeter qu'un coup d'œil sur la situation actuelle des partis, pour reconnaître qu'il ne reste rien entre eux, ni en politique extérieure ni en politique intérieure, de ce qui a été le vrai principe de leur antagonisme jusqu'à présent.

En politique extérieure, il ne s'agit plus de savoir si, pour fonder un gouvernement sur une révolution, il valait mieux diriger les affaires étrangères dans le sens de la paix que dans le sens de la guerre. En ce qui regarde ces nécessités de fondation, la question est résolue, bien résolue, et la paix ou la guerre, maintenant, ne pourrait plus sortir que de considérations fort éloignées de celles qui étaient en discussion entre les partis, dans les années qui ont suivi la révolution de Juillet.

En politique intérieure, il ne s'agit plus de savoir s'il valait mieux, pour un gouvernement sorti d'une révolution, s'attacher au maintien de l'ordre que suivre la pente des idées révolutionnaires. Il y avait en cela aussi des nécessités de fondation à considérer qui n'existent plus. Les tendances plus ou moins libérales des partis aujourd'hui ne se rattachent en rien aux raisons de circonstance, qui ont déterminé la politique d'ordre dans laquelle s'est perdue l'effervescence révolutionnaire de 1830.

On conçoit que, dans les conjonctures où se trouvait le gouvernement de Juillet pendant les premières années de son établissement, il se soit formé un parti, ami décidé de l'ordre et de la paix, qui ait pris le nom de conservateur, en face du parti qui voulait jeter le gouvernement dans tous les embarras de la guerre et d'une liberté déréglée. Conservateur alors voulait dire partisan résolu de tout ce qui pouvait consolider le gouvernement nouveau, adversaire résolu de tout ce qui pouvait le compromettre ; et, comme la consolidation du gouvernement dépendait surtout du maintien de l'ordre et de la paix, on conçoit que le mot de conservateur ait particulièrement désigné les partisans de la politique d'ordre et de paix qui a prévalu. Mais à présent, par l'effet même de cette politique, tout le monde est devenu partisan de l'ordre et de la paix, ou du moins, si ces grands intérêts peuvent être remis en question, ce n'est plus pour le fait de la révolution de Juillet, ce n'est plus pour l'établissement même du gouvernement sorti de cette révolution. Ce gouvernement est fondé. Il compte plus de seize ans d'existence. La considération de son origine n'est plus une difficulté immédiate pour lui, ni au dedans ni au dehors. Conservateur ne saurait donc signifier désormais que partisan de tout ce qui peut, non plus l'établir, mais le fortifier, mais lui

entretenir les adhésions, mais le rendre producteur
d'utilité publique pour le rendre durable. De même,
le nom d'opposition ne peut plus désigner le parti de
ceux qui ont protesté contre la politique de sa fondation, contre l'ensemble des actes par lesquels il a
cherché à prendre sa position de gouvernement nouveau, contre les garanties qu'il a cru devoir demander pour ce but à la liberté au profit de l'ordre. Opposition ne peut plus s'entendre que d'une façon de
comprendre ce qui est à faire pour le fortifier, pour
lui entretenir les adhésions, pour le rendre durable,
différente de celle du parti qui a le pouvoir. Toute
l'explication de la situation actuelle est là.

La force des choses a donc opéré cette transformation importante des partis constitutionnels, qui fait
que, sans revenir sur le passé, et en acceptant, quoique par des raisons très-diverses, les faits accomplis,
le parti conservateur et l'opposition n'ont plus qu'à
laisser de côté leurs luttes sur la tradition du gouvernement pendant les seize dernières années, pour
entrer franchement dans les conditions d'une situation
toute différente.

Cette transition à une politique nouvelle ne pouvait se faire sans un changement du principe de distinction et d'antagonisme entre les partis : changement qui ne pouvait, à son tour, manquer d'avoir
pour conséquence une certaine perturbation dans le
personnel même des partis; mais tout cela est de l'essence du gouvernement représentatif.

Ainsi, le parti conservateur n'avait plus à dire,

pour se défendre de toute concession aux idées libérales, qu'il devait, avant tout, pourvoir aux nécessités d'un gouvernement à fonder, et songer à l'ordre de préférence à la liberté. Il pouvait, par le bénéfice même de la situation qu'il avait produite, et en ne faisant en quelque sorte que se continuer, il pouvait devenir un parti d'initiative et de progrès, et entreprendre lui-même de développer dans nos institutions le principe libéral de la révolution de Juillet; ou, s'il voulait persister dans sa résistance aux idées libérales et dans le maintien de toutes les garanties d'ordre dont il avait eu besoin en d'autres temps, il était obligé d'avouer que le résultat de sa politique jusqu'alors, n'avait pas été d'améliorer les conditions du pouvoir, et que l'œuvre normale et régulière du gouvernement ne lui paraissait pas possible avec d'autres moyens que la tâche exceptionnelle de contenir les emportements d'une révolution.

De son côté, l'opposition n'avait plus à rester dans de stériles récriminations contre le passé; elle n'avait plus à dire au gouvernement qu'il a eu tort de tant s'attacher au maintien de l'ordre et de la paix; mais elle pouvait lui dire que, n'ayant plus désormais à se retrancher derrière la nécessité de s'établir, de vivre, pour mettre certaines restrictions à la liberté, il devait faire ses preuves de gouvernement actif, habile, puissant pour l'intérêt public, et sincèrement dévoué au principe libéral de nos institutions. L'opposition pouvait substituer ainsi à une critique générale et vague du gouvernement, des propositions formelles, régulièrement introduites dans les débats parlementaires, qu'elle fût décidée à suivre systématiquement, et qui en fissent un parti d'action, au lieu d'un parti de simple protestation.

C'est ce qui est arrivé. C'est l'opposition qui, après n'avoir été jusqu'à présent qu'un parti de protestation, qu'un parti négatif, est devenue maintenant un parti d'action, un parti positif, par la question de réforme électorale et parlementaire. C'est elle maintenant qui veut quelque chose, qui propose quelque chose, à quoi l'opinion attache une grande signification de tendance politique, et que la masse du parti conservateur refuse. L'opposition vient enfin de se reconstituer, et, par un contre-coup inévitable, de reconstituer le parti conservateur, qui, désormais, ne peut plus s'entendre que d'un parti de résistance et d'immobilité systématique. D'un côté, un parti qui veut; de l'autre, un parti qui résiste, sur une question qui remue assez d'intérêts et d'idées pour se prêter très-bien à la lutte des partis : voilà le principe de distinction rétabli, et, avec un peu de temps, cela va devenir aussi clair que c'est encore vague à présent.

Sans doute, il faudra toujours regretter que les conservateurs aient manqué une si belle occasion d'engager le gouvernement de Juillet dans une voie, où il devait trouver tant d'avantages pour le présent et de sécurité pour l'avenir; sans doute, l'initiative des conservateurs dans la question de réforme électorale et parlementaire aurait eu, pour la consolidation du gouvernement de Juillet et pour la conciliation des idées de pouvoir et de liberté, une efficacité toute particulière. Mais c'est l'avantage du gouvernement représentatif, que la faute d'un parti fournisse presque toujours à l'habileté d'un autre un moyen de servir puissamment l'intérêt public. Cette fois, à défaut du résultat salutaire d'une politique qui aurait transformé le parti du gouvernement en parti libéral, il est fort possible d'obtenir cet autre grand résultat, non moins important peut-être pour la consolidation de notre constitution, qui sera de transformer l'opposition en parti de gouvernement.

Que va-t-il résulter, en effet, de cette lutte qui vient de se reproduire entre le parti conservateur et l'opposition ? D'abord, entre un parti qui veut, et un parti qui résiste, par la nature des choses, l'avantage est pour le parti qui veut. Ce n'est ordinairement qu'une question de temps. Mais, dans la circonstance actuelle, si l'on considère qu'il s'agit d'une réforme à laquelle les événements gagnent chaque chaque jour des partisans, et sur laquelle il y a dissentiment jusqu'au sein de la majorité, on verra qu'il est difficile que, dans cette législature même, elle ne produise pas de grands changements dans la composition des partis. Entre l'opposition, qui veut la réforme électorale et parlementaire, et le parti qui est décidé à la repousser obstinément, que vont devenir les hommes qui, jusque dans la majorité, s'étaient montrés partisans de cette réforme ? Voudront-ils, parce que le ministère a fait la faute énorme de ne pas s'emparer, pour le gouvernement, d'une question si propre à continuer ce que la politique d'ordre avait commencé, voudront-ils devenir solidaires du ministère dans les conséquences à jamais regrettables de cette faute, et suivre dans la voie de la résistance le parti qu'ils avaient eu pour mission, au contraire, d'engager dans une voie d'initiative et de progrès? La peur du mot d'opposition les empêchera-t-elle de comprendre que, s'ils n'ont pas été maîtres de communiquer leurs tendances libérales au parti conservateur, ils seront toujours maîtres de faire sentir à l'opposition le frein de leurs idées de gouvernement? Ce serait, il faut le dire, une singulière exagération de la discipline parlementaire, et qui n'est assurément guère probable. Non, la portion nouvelle et libérale du parti conservateur ne voudra pas abdiquer ce qui a fait sa force : elle comprendra mieux les exigences de la situation. Elle fera ce que l'opinion attend d'elle. Elle voudra marcher.

Seulement, il devait y avoir des hésitations, des tiraillements. Cela ne se concevrait pas autrement. Les décisions collectives ne se prennent pas aussi vite que les décisions individuelles. Les individus mêmes répugnent généralement aux prompts changements de position. L'adhésion à un parti, d'ailleurs, ne se fonde pas seulement sur des idées politiques. Elle se fortifie de beaucoup de liens personnels, de beaucoup de considérations particulières, qu'on ne se décide pas tout d'un coup à rejeter. De là, pendant quelque temps, entre les hommes que des motifs analogues retiennent dans la même incertitude, une raison de se réunir, de se grouper, fondée sur cette incertitude même, et qui donne lieu à la formation de ce qu'on appelle un tiers-parti.

« Ah! voilà le mot lâché! s'écrieront ces politiques du moment qui, aimant mieux méconnaître les difficultés d'une situation que s'occuper de les résoudre, ne veulent ni comprendre ni accepter les nécessités du gouvernement représentatif : les tiers-partis sont une calamité, un fléau, la plaie des majorités ! Notre grand grief contre les propositions de l'opposition, c'est précisément d'avoir produit un tiers-parti dans la majorité, et d'avoir interrompu d'une façon si importune cette grande œuvre de la fondation d'un parti de gouvernement. C'était bien la peine de former une aussi belle majorité, pour que les brouillons de l'opposition vinssent si vite y jeter un dissolvant! Ah! funeste proposition Rémusat, funeste proposition Duvergier de Hauranne, qu'aviez-vous besoin de susciter ce malencontreux tiers-parti? »

On conviendra que les politiques qui tiennent ce langage sont difficiles à contenter. Rien n'est bon, d'où que cela vienne, dès que cela ne s'accorde pas avec leurs convenances. Si l'on demande une réforme du côté de l'opposition, c'est mal, très-mal, c'est anarchique. Si on la demande du côté du gouvernement, c'est encore mal, c'est du schisme. Il n'y a décidément moyen de s'entendre avec eux, qu'à la condition de ne rien demander du tout. Mais alors il faudrait pouvoir étouffer les questions dans l'opinion.

Toutes ces plaintes de circonstance contre les tiers-partis ne sont que de la déclamation, étayée d'une erreur capitale sur les conditions essentielles du gouvernement représentatif. Si l'on ne veut pas poser en principe que les majorités parlementaires doivent être immuables, il faut bien reconnaître, au contraire, que leur nature est d'être variables ; et, si l'on conçoit difficilement le changement et le déplacement d'un parti tout entier ; si l'on conçoit difficilement aussi des changements et des déplacements qui se fassent tout d'un coup et sans restrictions, il faut bien admettre ces mouvements partiels qu'on appelle scissions, et qui, avec les hésitations, et les tiraillements, et les restrictions qui en sont l'accompagnement obligé, forment ce qu'on appelle les tiers-partis. On peut même dire que ce n'est que par des mouvements de tiers-partis que fonctionne le gouvernement représentatif.

Loin donc d'être une plaie, une calamité, un fléau, les tiers-partis sont une nécessité du gouvernement représentatif. Seulement, il convient de distinguer entre les tiers-partis, comme il convient de distinguer en toutes choses. Les tiers-partis qui se forment pour une cause d'intrigue, dans l'intérêt étroit de quelque ambition personnelle, sont de mauvais tiers-partis. Ceux qui se forment sur de grandes questions politiques, pour de grands intérêts publics, pour une direction nouvelle à donner au gouvernement, peuvent être d'excellents tiers-partis.

Les tiers-partis représentent presque toujours une tendance nouvelle de l'opinion, un besoin de conciliation entre les grands partis, dont le temps commence à user les dissidences. A ce titre, ils peuvent être une ressource ou un danger pour les partis au milieu desquels ils se forment. S'il surgit un tiers-parti au sein de la majorité, dans le sens d'une concession à certaines idées de l'opposition, ce tiers-parti devient pour la majorité dont il relève un moyen de neutraliser l'opposition. Mais il devient un élément de division pour elle, s'il ne peut lui faire accepter sa tendance nouvelle. De même, si le tiers-parti se forme dans l'opposition, c'est presque toujours pour en être le modérateur, et pour la rapprocher du gouvernement. Il ne faut certes rien de plus pour montrer combien les tiers-partis sont nécessaires et peuvent être utiles dans le système représentatif.

En ce qui regarde la situation actuelle, le tiers-parti qui s'est formé au sein de la majorité a, au plus haut degré, ce caractère de nécessité et d'utilité. La majorité n'a pas su profiter de la ressource qu'il lui apportait; il est désirable qu'il sache, sans trop tarder, devenir l'allié de l'opposition, dont il deviendra en même temps le modérateur. Moins il fera durer ses hésitations, mieux ce sera pour l'intérêt public, qui a tant à gagner à ce que, par l'alliance d'une fraction d'anciens conservateurs avec la gauche constitutionnelle, l'esprit de gouvernement s'associe enfin

dans l'opposition avec l'esprit de progrès, et nous
mette ainsi dans les vraies conditions du régime
parlementaire.

Mais, s'il faut désirer ce résultat en vue d'une meil-
leure constitution des partis, il le faut désirer surtout
en vue d'une modération bien nécessaire de l'opinion
publique, où il commence à se former des réactions
dangereuses.

IV.

DES DANGERS D'OPINION.

Il résulte assez de ce qui vient d'être établi que, loin d'être terminée, la crise politique ne fait au contraire que s'aggraver chaque jour, autant par la situation fausse du ministère en face des dissidences persistantes de la majorité, que par le travail de transformation qui est en train de s'accomplir dans les partis constitutionnels. Mais la politique, on le sait de reste, ne se fait pas seulement dans les conseils de Cabinet et dans les Chambres, sous le régime représentatif. Elle se fait bien plus encore dans l'opinion publique, qui, intervenant de sa toute-puissante influence aux origines de chaque législature, agit à la fois préventivement et répressivement, si l'on peut ainsi dire, sur les mouvements parlementaires, et force les partis comme les hommes politiques à reconnaître en elle leur mobile et leur contrôle.

Après les écrits si souvent cités de M. Guizot, il n'y a plus rien à dire sur cette importance capitale de l'opinion envisagée comme moyen de gouvernement, dans un système d'élection et de discussion. Mais ce qu'on ne saurait trop rappeler, parce que cela s'oublie trop facilement, c'est l'importance de l'opinion envisagée, non plus comme moyen de gouvernement, mais comme objet de gouvernement, comme intérêt moral ayant besoin d'être administré, d'être satisfait, et formant, à ce titre, un des principaux éléments de la félicité publique. Il ne faut pas croire que ce soit une médiocre jouissance pour un peuple, que celle de se sentir gouverné selon ses sentiments et ses vœux et de vivre pour ainsi dire dans ses idées. C'est en cela qu'est la vraie vie des nations, et rien n'importe plus, même au bonheur des individus, que ce contentement général, qui résulte de l'accord moral des gouvernants et des gouvernés. Mais aussi rien ne produit plus de souffrances de toutes sortes chez un peuple, et rien n'est plus dangereux pour le pouvoir que l'absence de cet accord.

La considération de cette double importance de l'opinion fait évidemment un devoir impérieux au gouvernement, de conduire autant que possible les affaires publiques de façon à la satisfaire, et de régler le choix des questions et des actes, par lesquels il devra tâcher de se la concilier, sur les idées et les besoins moraux qui, s'ils étaient méconnus, pourraient devenir ses griefs les plus dangereux.

Voilà, on en conviendra, ce que le ministère actuel semble avoir singulièrement oublié ; ou, s'il s'en est préoccupé, il faut reconnaître que le résultat de sa prévoyance n'a guère été heureux. Il n'est incertain pour personne, en effet, que, depuis quelque temps, les esprits sont retombés dans les doutes les plus inquiétants sur nos institutions, que la confiance dans le pouvoir est ébranlée, qu'il se manifeste dans les masses des dispositions hostiles au gouvernement, et que la situation présente ne pourrait se prolonger sans les plus graves inconvénients.

Tout le monde se rend bien compte du triste effet qu'ont dû produire dans l'opinion, et surtout parmi les classes populaires, les scandales que la dernière session a fournis en si grande abondance. Rien certes n'a été plus fâcheux que cette longue succession de faits coupables qui, se montrant de tous les côtés et au sujet de toutes choses, ne pouvaient manquer véritablement de paraître le résultat, et comme un résumé accablant du système général de gouvernement suivi depuis quelques années. L'accusation de corruption, portée par la clameur publique, devait évidemment s'élever de là jusqu'à la politique du ministère ; et il serait difficile, en effet, que tant de fautes eussent pu se commettre à la fois de tant de côtés, si, à défaut d'encouragement, elles n'avaient obtenu au moins la tolérance d'un pouvoir peu scrupuleux. Mais il y a toujours dans l'agitation que produit le scandale quelque chose de factice, qui doit mettre les esprits réservés en garde contre le danger de confondre la clameur d'un instant avec les signes véritablement indicateurs de l'opinion publique. Sans méconnaître donc ce qu'il y a de grave dans les révélations de ces derniers temps, je m'attacherai de préférence aux faits, aux circonstances, qui peuvent donner l'indication, non pas des sentiments mobiles du public, des irritations passagères, des opinions accidentelles, mais du courant des idées, des tendances d'esprit, de la direction générale des intelligences. On ne contestera pas que rien ne saurait mieux renseigner sur tout cela que le mouvement de la littérature politique.

Eh bien ! qu'on lise les livres qui obtiennent depuis quelque temps la faveur publique ; qu'on suive les travaux, les préoccupations intellectuelles des hommes qui sont écoutés de la foule avec le plus de sympathie ; qu'on essaie de distinguer les mots qui sont les plus chers à l'oreille populaire, les souvenirs qui agitent le plus vivement les passions nationales ; on verra que ce sont les livres, les travaux, les mots, les souvenirs qui rappellent, expliquent, célèbrent, recommandent et embellissent de toutes les manières, avec tous les prestiges de l'art, les idées et les faits, les hommes et les choses de la Révolution.

Partout, ce n'est qu'invocation du droit des peuples, exaltation de toutes les idées de liberté et d'égalité, glorification en un mot de la démocratie moderne. L'esprit de la Révolution revit tout entier, et plus ardent que jamais.

Et cette tendance de l'opinion publique se prouve, non-seulement par les intentions des écrivains, mais encore plus par les vives sympathies qu'elles rencontrent dans le public. Ne paraît-elle pas bien clairement, pour ne citer qu'un exemple, dans le succès prodigieux de l'*Histoire des Girondins*? Croit-on qu'un pareil succès ne soit pas un symptôme grave? Croit-on que tant de passions ranimées, tant de doctrines dangereuses remises en discussion à propos d'un livre, ne soient pas un événement considérable? Croit-on qu'il n'y ait pas un avertissement sérieux pour le pouvoir, dans cette universelle curiosité qu'a excitée cette prédication démocratique, faite avec tant d'ardeur par un écrivain comme M. de Lamartine, qui n'a pas craint, pour s'y livrer, de lancer des jugements si sévères contre les trônes et d'essayer de si audacieuses réhabilitations?

Certes, je ne constate pas ce mouvement de l'opinion pour le déplorer, et je penserais, au contraire, qu'il faudrait s'applaudir hautement du système d'immobilité qui nous aurait valu cette réaction d'honnêteté et ce retour à l'immortel esprit de la Révolution, si je voyais que ce mouvement de la pensée publique se renfermât dans le cercle de nos institutions, et ne dût pas avoir d'autre effet, dans l'intention de ses promoteurs, que de rendre ses véritables bases au gouvernement. Mais la sympathie que peut inspirer le caractère libéral de cette réaction ne doit pas fermer les yeux sur ses dangers, et je n'hésite pas à déclarer combien il me semble à craindre que l'impatience publique, devant la prolongation d'une politique de résistance à toutes les idées de progrès, ne fasse bientôt de ce mouvement de l'opinion un danger pour la constitution et pour l'ordre social lui-même.

Déjà la polémique des journaux exprime des défiances et se livre à des appréhensions qui donnent à redouter une bien grande perturbation dans les esprits. Les partis extrêmes ont repris leur langage le plus arrogant et leurs défis les plus audacieux. Le gouvernement n'est plus appuyé, n'est plus défendu dans la presse. Cent attaques lui viennent chaque jour et de toutes parts pour une seule apologie. Des écrivains habituellement modérés, enhardis aujourd'hui par l'entraînement général, ont des caresses pour les théories les plus subversives et laissent passer les admirations les plus incroyables. La jeunesse se passionne. Les masses murmurent. Partout l'inquiétude se montre. Les réunions politiques s'organisent ; et, si la prévoyance de l'opposition constitutionnelle ne l'avait pas poussée à prendre sa part de ce mouvement, pour le contenir et le transformer en activité légale, il faudrait attendre de très-promptes et très-fâcheuses conséquences d'une pareille agitation ?

N'est-il pas évident que tout cela est l'indice d'une défiance qui commence à se répandre contre le gouvernement, et jusqu'à un certain point de doutes qui commencent à s'élever sur l'efficacité de nos institutions ? N'est-il pas évident que toutes ces dispositions de l'esprit public à rappeler, à invoquer les grands principes de la Révolution, sont autant de protestations contre la politique actuelle, et un avertissement

au pouvoir sur sa tendance à faire dépendre sa conservation d'un système d'immobilité? N'est-ce pas là une
condamnation positive de ce discours de M. Guizot
sur la réforme électorale, qui est venu contredire
d'une façon si fâcheuse la pensée démocratique qu'on
se plaisait à voir dans ses écrits antérieurs, et de ces
discours habituels de M. Duchâtel si empreints d'on
ne sait quelle morgue défiante envers la démocratie,
et de ces exhortations économiques de M. Dumon à la
bourgeoisie, et de toutes ces insouciances du ministère pour les intérêts des classes laborieuses?

Si l'on demande comment il se fait qu'un ministère dirigé par l'homme qui, en d'autres temps, s'est
montré si habile à se mettre au courant de l'opinion,
à la pressentir même et à la devancer, puisse en tenir
si peu de compte aujourd'hui, et se montrer si peu
soucieux, parfois même si complétement ignorant de
ce qui se pense et se dit en dehors du monde officiel,
il n'y a véritablement moyen de se l'expliquer que
par ce même système éternel de mensonge adulateur,
qui produit les illusions de presque tous les princes.
Il semble qu'une longue possession du pouvoir amène
pour les ministres les inconvénients de l'entourage
des trônes. Ils finissent par perdre de vue la nation,
par ne plus connaître que les corps constitués, par ne
plus avoir d'yeux et d'oreilles que pour les propos du
monde officiel qui les entoure, et par ne plus se douter
qu'il y ait, dans un grand pays, d'autres expressions
de la pensée publique que celles qui se produisent
officiellement. Erreur, grande erreur, qui a déjà perdu

tant de princes et de ministres, et qui en fera tant tomber encore devant les puissances de l'opinion populaire !

Mais il importe moins de chercher d'où peuvent venir les dangers d'opinion qui se manifestent, que de bien établir en quoi ils consistent pour bien indiquer par cela même comment il est possible d'y remédier. Il suffit de l'intention pour remplacer un ministère imprévoyant par un autre qui tâchera de l'être moins. Mais, pour ramener les esprits d'une opinion dangereuse, ce qu'il faut surtout, c'est de la bien connaître.

Or, l'opinion qui serait redoutable, qui serait mortelle pour le gouvernement, dans l'état actuel des idées et des tendances publiques, ce serait que le pays en vînt à croire que décidément la royauté de Juillet est incompatible avec la démocratie, qu'elle n'adhère pas sincèrement aux principes de justice et de liberté consacrés par la révolution de 1830, et qu'elle répugne à tout ce qui pourrait favoriser le développement de ces principes dans la constitution.

Voilà l'opinion dont il faut à tout prix arrêter la formation ; voilà l'extrême danger qu'il faut absolument conjurer ; et la nature de ce danger indique assez que le gouvernement ne peut y parer que par des questions qui révèlent des tendances politiques, et qui puissent prouver qu'il ne redoute nullement le développement du principe démocratique.

Cette preuve, le ministère actuel ne peut plus la faire. Il ne l'essaierait maintenant qu'en rencontrant la défiance publique pour ses meilleures intentions.

Il est à souhaiter que la royauté le comprenne bientôt, assez tôt pour que les réformes raisonnables puissent suffire à faire cette preuve. Il est à souhaiter aussi que l'opposition constitutionnelle fasse son profit des avertissements que l'opinion donne au ministère, et qu'elle n'oublie pas, en se rapprochant du pouvoir, que le devoir d'être modérée ne diminuera pas pour elle le devoir d'entreprendre fermement ce qui doit être entrepris.

V.

CONCLUSION.

La conclusion de tout ce qui précède n'est pas difficile à tirer. S'il a été véritablement établi que le ministère reste dans une situation fausse, que les partis sont en travail de transformation pour se mettre dans des conditions plus normales d'antagonisme, et que la continuation de la politique actuelle serait en contre-sens de l'opinion publique, il est clair qu'il faut vouloir le renversement du ministère réduit à l'impuissance de bien gouverner, aider au travail de transformation qui doit rendre plus régulière la distinction des partis, et se déclarer nettement pour la politique libérale, qui peut seule arrêter les réactions dangereuses de l'opinion.

Il est entendu que cette conclusion n'est pas à l'adresse de ceux qui, par des raisons quelconques, se sont crus depuis longtemps dans la nécessité de faire de l'opposition, et dont les événements dispensent si bien d'encourager la persistance; mais seulement de ces hommes fort nombreux de la majorité, qui comprennent parfaitement tout ce qu'il y a de fondé dans le mécontentement public contre le ministère, mais que différentes considérations retiennent de mettre résolument leur conduite d'accord avec leurs sentiments.

Pour les uns, c'est la considération de la difficulté actuelle de remplacer le cabinet, et de trouver des successeurs à des ministres d'une aussi grande valeur que MM. Guizot et Duchatel. Pour d'autres, c'est tout simplement une considération de tactique.

Assurément, ce serait une mauvaise manière de combattre les hésitations des premiers que de contester la valeur de MM. Guizot et Duchatel. Je reconnais à Monsieur le Ministre des affaires étrangères des talents supérieurs, pour lesquels je garderai toujours une profonde admiration. Je crois moins aux talents supérieurs de Monsieur le Ministre de l'intérieur, dont la parole un peu sèche et renfermée dans un cercle d'idées assez étroit, quoique non dépourvue parfois de finesse et d'à-propos, produit presque toujours dans le pays l'effet contraire de celui qu'elle produit dans les Chambres, où elle est renforcée de beaucoup de raisons sous-entendues qui n'existent pas pour le dehors. Je ne suis pas toutefois sans reconnaître à M. Duchatel une certaine vigueur de caractère, et quelque chose de cette fameuse habileté de main, qui est si loin du reste de passer pour la bonne habileté dans l'opinion. Quoi qu'il en soit, je ne saurais concevoir que la considération des grands talents de MM. Guizot et Duchatel pût faire passer sur la mauvaise politique qu'ils voudraient mettre à l'abri de ces grands talents. Je serais plutôt porté à croire que, si ces grands talents ont produit ou n'ont pas empêché les résultats que l'opinion déplore, c'est qu'ils sont très-loin d'être indispensables. Je trouve que c'est le cas d'appliquer cette maxime politique qui établit qu'il ne suffit pas à un homme d'État d'avoir de remarquables qualités, mais qu'il faut encore et surtout que ces qualités soient celles qui conviennent à la situation au milieu de laquelle il est placé. Je pense enfin que ce serait une chose funeste de reconnaître ainsi au talent, quelque emploi qu'il en soit fait, la vertu de rendre certains hommes nécessaires.

Je suis fort loin, d'ailleurs, d'admettre que les chefs capables, très-capables même, manqueraient au ministère qui voudrait se constituer d'après les convenances de la situation actuelle. Par l'alliance d'un certain nombre d'anciens conservateurs avec l'opposition constitutionnelle, cette opposition, je le répète, deviendrait un véritable parti de gouvernement, et, en établissant mieux l'équilibre de notre système représentatif, cela rendrait possibles des alliances d'hommes et des combinaisons de partis, qui seraient autant de facilités pour la constitution d'un cabinet. Enfin, s'il faut dire toute ma pensée, je ne sais pas si une composition quelconque d'un nouveau cabinet ne vaudrait pas mieux que la continuation de cette situation tendue, qui ne finira qu'avec le ministère actuel, et qui peut devenir si dangereuse, dans le cas où elle durerait encore longtemps.

Mais, si je regarde comme très-fâcheuses les hésitations de ceux des conservateurs qui, tout en retirant leur approbation au ministère, sont arrêtés dans la manifestation de leur opposition par la difficulté de le remplacer, je regarde comme bien plus fâcheuse encore la tactique de ceux qui ne restent dans les rangs de la majorité que pour mieux travailler au renversement du ministère.

« Quelle différence, disent ces tacticiens, de tirer sur le cabinet des bancs de la majorité ou des bancs de l'opposition ! Les coups les plus sûrs sont ceux qu'on tire de près. C'est en restant de la majorité que nous tuerons le ministère. »

Cette tactique ne saurait être acceptable que pour ceux à qui la question ministérielle peut faire oublier la question bien autrement-sérieuse de l'avenir des partis. C'est la même que celle dont il a été parlé au commencement de cet écrit, déterminée cette fois par le désir de renverser le cabinet au lieu de l'être par l'embarras d'un changement de situation. Elle est dans un cas tout aussi mauvaise que dans l'autre. Rien, on ne saurait trop le répéter, n'est plus contraire et plus funeste au principe de nos institutions que tous ces raffinements, qui jettent tant de trouble et de fausseté dans les mouvements politiques. Au-dessus du ministère, au-dessus des questions de personnes, il y a les partis et les questions de partis; et l'esprit de finesse, qui peut avoir ses avantages au point de vue des affaires individuelles, est détestable au point de vue des affaires parlementaires.

Il n'y a donc qu'une conduite à suivre, pour les hommes du parti conservateur, qui comprennent vraiment les dangers de la politique actuelle et désirent les écarter; c'est la conduite la plus simple en apparence, et qui, par les effets, serait de beaucoup la plus habile et la plus profonde; c'est tout uniment de mettre leur façon d'agir d'accord avec leur façon de penser, et de passer franchement à l'opposition.

Toute autre résolution, toute autre conduite peut amener de graves complications et produire beaucoup de mal. Celle-là ne peut faire que du bien. Elle fera disparaître les inconvénients que l'impopularité du ministère attache à son maintien seul, dans l'état actuel de l'opinion. Elle aidera d'une façon très-heureuse à la transformation qui se fait dans les partis, mais qui n'aura des résultats plus ou moins salutaires que selon qu'elle se fera plus ou moins promptement. Enfin, elle mettra le gouvernement en position de donner, sans trop de retard, à l'opinion les satisfactions qu'il ne faudrait pas trop lui faire attendre.

Et qu'on y pense bien! Ce qu'on ne ferait pas à présent pour l'opinion, on ne serait pas dispensé de le faire plus tard. Seulement cela se ferait plus tard dans des circonstances moins favorables, et, au lieu d'avoir pour effet de modérer l'opposition, cela pourrait avoir pour effet de l'exciter, au moment même où elle serait, par ses propres ressources, devenue maîtresse de la situation.

Je ne finirai pas sans opposer aussi quelques réflexions à ces appréhensions, qui sont au fond de certains esprits, et qui les rendent indifférents aux dangers du présent par l'exagération des dangers de l'avenir. On voit que j'entends parler de ces hommes fort nombreux, qui concentrent toutes leurs craintes dans la prévision de la mort du roi, et qui pensent qu'on ne saurait trop s'assurer de ce qu'ils appellent une majorité disciplinée, pour cette crise terrible de notre système représentatif. « C'est alors que tout sera en péril, disent ces hommes; c'est donc alors qu'il sera besoin de toutes les ressources qui font les bonnes élections et les majorités dociles! » Et, comme la majorité d'aujourd'hui leur paraît être de cette espèce, ils sont pour ce qui peut maintenir cette excellente majorité. Je crois qu'il ne faut que raisonner d'une façon un peu suivie pour arriver, avec la même préoccupation qu'eux, à un sentiment qui soit le contraire du leur. Il n'est pas difficile d'abord de comprendre que c'est à ce moment même qu'ils redoutent, qu'en dépit de toutes les théories pour ou contre, l'influence parlementaire sera prépondérante dans le gouvernement, et que les questions de prérogative soulevées par l'opposition recevront leur solution de la force des choses. Il n'est pas difficile de déduire de là que c'est pour ce moment qu'il importe d'avoir des partis bien équilibrés, au lieu d'un seul parti dominateur, mais discrédité. Il n'est pas difficile d'en déduire encore que c'est surtout pour ce moment-là qu'il importe que l'opinion, devenue plus inquiète et plus active, ne soit pas en défiance du pouvoir parlementaire et n'ait pas en face d'elle une majorité qui lui soit antipathique. C'est donc pour ce moment-là qu'il importe d'avoir comme parti possible un parti, qui ait assez donné de gages aux idées de liberté pour être en mesure de défendre l'ordre énergiquement. C'est donc pour ce moment-là qu'il faut s'occuper dès maintenant de former, en contre-poids de la majorité, une opposition vraiment gouvernementale. Oui, c'est dans le soin que les partis mettront à sortir des difficultés de la situation actuelle, que sont précisément les meilleures précautions contre les dangers de l'avenir. La politique d'immobilité rendrait tout périlleux ; la politique de progrès rendrait tout plus facile. Le jour où les partis seront dans une situation plus conforme à l'esprit du système représentatif, loin d'être une raison d'inquiétude, ce n'est pas ce qui sera la moindre sauvegarde de la constitution de 1830, que la perspective d'avoir à la tête du gouvernement, en face de partis réguliers, un jeune régent forcément imbu des principes modernes, et tenant la place d'un jeune roi, qui n'arrivera au pouvoir, à son tour, que pour représenter sur le trône une génération et des idées postérieures à la révolution de Juillet.

FIN.

NOTE

Voici les extraits du *Constitutionnel* relatifs à la discussion dont il a été parlé page 7 :

Extrait du Constitutionnel du 3 avril 1847.

Nous avons sous les yeux une brochure d'un conservateur progressiste, M. Gustave Chaudey, publiée vers la fin de 1846. Dans cette brochure intitulée : *le Conservateur*, l'auteur expose tout ce que la France peut et doit attendre de la politique conservatrice, et notamment de M. Guizot. Selon lui, les réformes proposées par l'opposition, les incompatibilités, les capacités, etc., sont peu de chose auprès des réformes que le parti conservateur médite. Ce dont il s'agit, c'est moins d'opposer de nouvelles barrières aux envahissements du pouvoir, que d'organiser fortement, complétement, la démocratie, et de lui assurer une part large et grande dans nos institutions. Ainsi, quand on retouchera à la loi électorale, il ne suffira pas d'abaisser le cens ; il faudra encore attribuer le droit de voter au travail plutôt qu'à l'oisiveté, à la profession plutôt qu'à la fortune. Il faudra ainsi constituer un corps électoral qui sera, ce que n'est pas le corps électoral actuel, la vraie représentation. Or, toutes ces choses et beaucoup d'autres ne peuvent être bien faites que par le parti conservateur et par M. Guizot, *l'esprit le plus démocratique en même temps que le plus beau talent du parlement*. Que l'opinion publique se rassure donc, et qu'elle attende quelques mois. Bientôt elle verra de quel côté est le vrai progrès, le vrai libéralisme.

Ainsi parlait à la fin de 1846 M. Chaudey, conservateur progressiste. Qu'en dit-il maintenant? trouve-t-il que, dans son dernier discours, M. Guizot ait répondu à ses espérances et comblé ses vœux? Il est probable qu'il se souciera peu de nous le dire, et c'est pour la forme seulement que nous lui adressons cette question. Mais il est bon que le pays sache à quel point on s'est joué de lui lors des dernières élections.

Nous n'accusons ni M. Chaudey ni les autres écrivains qui, tout aussi naïvement, ont ajouté foi au fameux programme de Lisieux. Nous accusons le ministre, dont le charlatanisme calculé n'a jamais reculé devant aucune parole qui pouvait lui être utile; nous accusons le ministre qui, après avoir trahi successivement tous les partis, vient enfin de jeter le masque et de rétrograder jusqu'aux plus mauvais jours.

Extrait du Constitutionnel du 6 avril 1847.

L'auteur de la brochure dont nous avons parlé l'autre jour, M. Gustave Chaudey, nous adresse une réponse aussi ferme que catégorique. Le courage et la franchise politiques sont si rares aujourd'hui, que nous comptions peu sur cette réponse. Nous sommes heureux de la publier. Nous l'offrons en exemple aux jeunes conservateurs *qui ont des votes à mettre au service de leurs intentions*, et qui ont compris comme M. Chaudey le dernier discours de M. Guizot.

A M. LE RÉDACTEUR DU CONSTITUTIONNEL.

Paris, ce 4 avril 1847.

MONSIEUR,

C'est un honneur bien dangereux que vous m'avez fait de revenir sur un écrit qui a été si peu remarqué au moment de sa publication, et de me placer ainsi sous l'imputation d'une sorte de complicité dans ce qui vient de se passer en politique. Vous me permettrez, Monsieur, de décliner une responsabilité qui est si fort au-dessus de mon insignifiance. Il convient de laisser à ceux des jeunes conservateurs qui ont des votes à mettre au service de leurs intentions, tout le mérite de ce qu'ils ont fait, qui peut encore être bien grand, s'ils savent être conséquents, ou tous les sarcasmes de leurs vétérans, qu'ils auront assurément bien mérités, s'ils ne savent pas l'être. Pour moi, simple et obscur écrivain, n'ayant fait qu'exprimer des opinions, des désirs et des espérances, qui, loin d'avoir exercé de l'influence, n'ont pas même obtenu de l'attention, je ne saurais évidemment avoir à rendre compte que de la valeur propre de mes idées. Mais, si je dois tenir à ne pas accepter la responsabilité de ce que je n'ai pas fait, vous auriez bien tort, Monsieur, de supposer que je ne sois pas toujours prêt à accepter celle de ce que j'ai dit, même s'il faut reconnaître que je me suis trompé, même s'il faut confesser que j'ai péché par excès d'honnêtes illusions; et, puisque vous m'avez fait l'honneur de m'adresser quelques questions, vous allez juger à ma façon d'y répondre si je suis de ceux que la préoccupation des inconvénients de la franchise, puisse beaucoup embarrasser.

Souffrez d'abord, Monsieur, que je fasse, sur la date que vous avez assignée à l'écrit intitulé : *Un Conservateur*, une rectification qui n'est pas sans importance. Ce n'est pas de la fin, mais bien du commencement de 1846 qu'est cette brochure, annoncée d'ailleurs en mars dans *le Constitution-*

nel même, et antérieure ainsi de plusieurs mois au discours de M. Guizot à Lisieux. Cela établit assez que, si j'ai
été coupable de naïveté, ce n'a pas été au point de fonder
tout un système politique sur un discours de circonstance.
Je ne cacherai pas qu'à raison même des interprétations
diverses dont il était susceptible, le discours de Lisieux
m'avait fortement confirmé dans mes espérances ; mais vous
pouvez être certain que, si près des élections générales, il
n'aurait pas suffi à me les inspirer.

Cette rectification faite, Monsieur, votre question peut
arriver avec ses véritables termes. Vous pouvez me demander si je pense que ce discours de Lisieux, tel qu'il vient
d'être commenté par M. Guizot lui-même dans son discours
de la semaine dernière, autorise encore les espérances qu'il
avait confirmées en moi, et, à la question ainsi posée, pour
être sincère, je suis forcé de répondre que non.

Non, Monsieur, non, sans rien perdre de ma profonde
admiration pour les grands talents de M. Guizot, je ne puis
plus autant croire à sa grande prévoyance ; je ne puis plus
autant croire qu'il soit l'homme destiné à enlever au parti
conservateur, dans un grand intérêt de consolidation pour
la constitution de Juillet, ce caractère d'immobilité et de
défiance envers les idées libérales, qui devient depuis quelque temps un grief si dangereux de l'opinion publique
contre ce parti, et prépare, avec de redoutables oppositions
morales, de si sérieuses difficultés au gouvernement.

Ne craignez pas, Monsieur, que je cherche à équivoquer,
que je me rabatte sur des distinctions subtiles, que je vante
le progrès administratif aux dépens du progrès politique.
Non, Monsieur. Par les espérances qu'avait confirmées en
moi le discours de Lisieux, j'entendais positivement des
espérances de réformes politiques, essentiellement politiques. Il n'y a que ces réformes-là qui aient de la valeur
comme tendances, qui soient des indications d'un changement de direction politique approprié à des circonstances
nouvelles, qui aient conséquemment l'efficacité d'écarter
les dangers d'opinion et de renouveler la distinction des
partis. Ce que je voyais d'avantageux dans le discours de

Lisieux, c'était justement la facilité qu'il donnait au parti conservateur de se transformer politiquement, de se soustraire au reproche d'immobilité systématique ; c'était la possibilité qu'il lui ménageait d'entrer un jour dans la voie des réformes politiques, et, pour préciser davantage encore, de prendre un jour lui-même l'initiative de la réforme électorale et parlementaire. Ce jour de sa transformation, cet instant d'opportunité pour le renouvellement de sa politique, je trouvais bon que le parti conservateur voulût en rester le maître, et j'aurais reconnu volontiers que cet instant n'était pas encore arrivé. Mais c'était une chose de première importance pour moi que M. Guizot lui en eût assuré la ressource.

Cette ressource, il me semble que M. Guizot, par son dernier discours, vient de la lui enlever. Il me semble qu'il vient de rejeter, plus violémment que jamais, le parti conservateur dans la politique de l'immobilité ; il me semble qu'il vient de constituer pour ce grand parti, et pour le gouvernement même, associé jusqu'à présent à sa destinée, un de ces dangers pour la conjuration duquel ce n'est pas trop de compter sur toute la sagesse et toute l'habileté de l'opposition constitutionnelle.

Comment, par quelle raison, M. Guizot a-t-il pu ainsi se décider tout d'un coup à détruire l'excellent effet de son discours de Lisieux ? Comment ce qui avait été une si grande habileté la veille des élections générales, a-t-il cessé d'être de l'habileté en face des difficultés que de prochaines éventualités forcent à prévoir ? J'avoue qu'il ne m'est donné d'y rien comprendre, et tout ce que je puis attester ici, ce sont les appréhensions qui viennent de s'emparer de moi.

Je ne trouve pas même au fond de mon esprit le moyen de me rattacher à cette phrase si brève de son dernier discours, par laquelle M. Guizot a déclaré qu'il n'engageait pas l'avenir. Après les raisons de fond, après les arguments de doctrine qu'il a fait valoir contre la réforme électorale, après la distinction si formelle qu'il a établie entre la capacité intellectuelle et la capacité représentée par la fortune, cette phrase ne saurait plus avoir pour moi que le sens d'une simple précaution oratoire ; et, si je conçois à la rigueur une inconséquence de M. Guizot à vingt ans de distance, je respecte toujours trop son intelligence pour le croire capable de celle qu'il y aurait désormais pour lui à entreprendre la réforme électorale pendant son ministère actuel.

Vous voyez, Monsieur, qu'en vous faisant ainsi l'aveu de mes appréhensions, je laisse voir de toutes les manières le regret que me donne la difficulté d'espérer désormais le progrès politique du parti conservateur, s'il consent à devenir solidaire du dernier discours de M. Guizot. Cela veut-il dire, Monsieur, que, dès à présent, je n'attende plus rien de ce parti, qu'aucune assistance ne me paraisse plus pouvoir venir de lui pour les réformes politiques que je désire ? Non, certes. Et si les conservateurs progressistes ou dissidents, comme vous les voudrez appeler, savaient comprendre leur position, il me semble qu'ils pourraient aujourd'hui contribuer d'une manière bien efficace à la régularisation de notre système représentatif.

Ils ne peuvent, en effet, avoir que deux motifs sérieux de dissidence : ou c'est qu'ils veulent seulement des réformes administratives, ou c'est qu'ils veulent des réformes politiques.

S'ils ne veulent que des réformes administratives, il n'y a véritablement pas à les traiter comme un parti, et ce n'était pas la peine de faire tant de bruit pour des questions sur lesquelles le ministère n'a pas même dû songer à leur résister. Fallût-il mettre à leur disposition quelques portefeuilles, ceux des ministres les plus fatigués par l'âge ou les plus compromis par leur inhabileté, cela ne suffirait pas à leur donner qualité politique, et à produire ce qu'ils ont appelé une situation nouvelle.

S'ils veulent des réformes politiques, il faut qu'ils aient des illusions bien robustes pour continuer encore leur confiance au ministère après le dernier discours de M. Guizot, ou qu'ils aiment singulièrement les situations fausses, pour continuer l'adhésion de leurs votes au ministère après lui avoir intérieurement retiré leur confiance.

Mais si l'expérience qu'ils viennent de faire leur a profité, et s'ils sont vraiment, ce que j'affirme de quelques-uns, des hommes de résolution, ils n'ont qu'à prendre dès maintenant leur parti et à quitter hardiment le ministère.

Cette conduite habile et ferme les relèverait admirablement de leur récent échec, et leur donnerait le moyen de rendre le plus grand des services à la constitution, en fondant avec l'opposition cette distinction nouvelle des partis, qui doit mettre chez nous le gouvernement représentatif dans ses conditions régulières d'existence. Il n'est pas difficile de comprendre comment, en devenant les alliés de l'opposition sur les grandes questions qui viennent d'être si sérieusement introduites sur le terrain parlementaire, ils la forceraient assez à compter avec eux pour lui ôter tout ce qui lui reste encore d'un peu révolutionnaire, et lui donner enfin le caractère de véritable opposition constitutionnelle : chose qui a déjà été tentée en vain, il est vrai, mais pour l'avoir été trop tôt, et qui peut si bien l'être avec succès à présent.

Ce que je pense qu'ils feraient bien de faire, Monsieur, c'est naturellement ce que je désire qu'ils fassent. Je crois qu'ils pourraient, de la sorte, concilier parfaitement l'adhésion qu'ils donnent à la tradition du gouvernement dans les seize dernières années, avec la conviction qu'ils ont maintenant de la nécessité de modifier cette tradition. Pour moi, qui n'ai que des vœux à exprimer en de pareilles affaires, je crois aussi être conséquent avec moi-même en exprimant ces vœux-là, et je puis vous donner l'assurance, Monsieur, qu'en perdant la confiance que j'avais dans certains hommes, je n'ai pas perdu la confiance que j'avais dans certaines idées, et que je reste fidèle à toutes mes convictions sur les questions essentielles de notre ordre social et politique.

Je reste aussi dévoué que jamais à la démocratie ; je reste aussi dévoué que jamais à la royauté. Je persiste à croire que la démocratie et la royauté sont très-compatibles ; je persiste à croire que la royauté de Juillet n'a d'avenir assuré que dans la démocratie. Je pensais que plus on parlait

près du gouvernement, plus il fallait témoigner de dévouement à la démocratie. Je pense aujourd'hui que plus on
parlera près de l'opposition, plus il faudra témoigner de
dévouement à la royauté. C'est la même tactique, avec un
changement des termes approprié au changement des positions. Selon moi, cette tactique, suivie par les conservateurs, devait avoir pour effet de fonder les véritables partis
constitutionnels. Aujourd'hui, suivie dans l'opposition par
d'anciens conservateurs, elle peut produire le même résultat. Ce résultat, je le répète, ne serait pas moins que la régularisation de notre système représentatif. Si cela fait une
différence dans les moyens, cela ne saurait donc en faire
une dans le mérite de l'intention, que de poursuivre maintenant ce grand but avec l'opposition au lieu de le poursuivre avec les conservateurs.

Voilà, Monsieur, la réponse que je devais aux questions
que vous avez daigné m'adresser, aussi franche, j'espère,
que vous auriez pu l'attendre d'un homme dont le caractère
vous eût été mieux connu. Sans doute, je ne suis pas sans
comprendre les inconvénients de toutes sortes que cette
franchise doit avoir pour moi. Mais ce n'est vraiment pas
une chose qui me soit assez difficile, de mettre ainsi mes
opinions au-dessus de mes intérêts pour que j'aie beaucoup à m'en prévaloir; et c'est un échange que je serai toujours disposé à faire, que celui de certains avantages de
position contre un peu plus de vérité à mettre dans mes jugements.

Daignez agréer, Monsieur, etc.

GUSTAVE CHAUDEY.

TABLE.

www.ingramcontent.com/pod-product-compliance
Lightning Source LLC
Chambersburg PA
CBHW051139050726
47594CB00003B/1159